PLAIDOIRIE

De M. Sauzet,

DANS L'AFFAIRE

DU CARLO-ALBERTO.

PLAIDOIRIE

De M. Sauzet,

DANS L'AFFAIRE

DU CARLO-ALBERTO.

PLAIDOIRIE

De M. Sauzet,

AVOCAT A LA COUR ROYALE DE LYON;

DANS L'AFFAIRE

DU

CARLO-ALBERTO,

REVUE ET CORRIGÉE PAR LUI-MÊME.

LYON.

IMPRIMERIE DE GABRIEL ROSSARY,

Rue Saint-Dominique, n. 1.

1833.

DISCOURS
DE M. SAUZET.

Messieurs,

Le ministère public regrettait tout-à-l'heure l'affligeant spectacle queprésente les débats politiques. Nous respectons la sévérité de ce devoir ; mais ne nous sera-t-il pas permis de déplorer, avec une profonde douleur, l'amertume de ses paroles ? Je ne parle pas, Messieurs, de ces considérations générales sur la révolution française, vaste arsenal où tous les partis empruntent tour-à-tour des armes toujours terribles et toujours repoussées par de nouvelles armes. Je laisse à des mains plus habiles les pinceaux de l'histoire ; je me sentirais d'ailleurs mal à l'aise en attaquant un trône qui n'est plus debout : je ne sais pas jeter des reproches à l'exil, ni des malédictions sur la tête d'un enfant. Mais on a fait entendre de plus vives paroles ; on a évoqué des mânes plaintifs ; on a remué des cendres que les regrets et les passions agitent encore !... Ignore-t-on qu'on touche à toutes les irritations, aux fibres les plus délicates du cœur ? Aurait-on oublié que le serment qu'on a cru devoir rappeler au juri, en lui commandant de parler sans crainte, lui impose surtout de prononcer sans haine ?... Sait-on que ces larmes versées sur un cercueil peuvent devenir des larmes de sang ? A-t-on réfléchi qu'à côté de ces tombes on peut en ouvrir d'autres ?...

Pauvre France ! en vain tu secoues de tous tes efforts la robe sanglante des révolutions ! l'esprit de parti la ressaisit toujours et t'en rejette les funestes lambeaux. Toujours ses fureurs renaissantes enveniment les blessures que ta main généreuse voulait cicatriser! Eh, qui ne sait, Messieurs, que l'histoire de tous les partis a ses pages funèbres! La république eut ses temps d'horreur; la restauration eut ses jours néfastes. L'Empire lui-même, avec toute sa splendeur, voudrait voiler quelques soleils: et ne peut-on, au fond des fossés de Vincennes, ramasser une sanglante boue pour en souiller le colosse des temps modernes et disputer aux admirations de la postérité quelques rayons de son immense gloire?

Hélas, Messieurs, nous connaissons ces tristes taches dont notre fragilité humaine laisse flétrir toutes ses grandeurs..... Mais si nos mains frémissantes fouillent toujours dans ces lugubres annales, où s'arrêteront, dites-moi, les persécutions et les colères? Quelle chaîne odieuse de réactions, de cruautés et de bassesses va dérouler devant vous les éternels anneaux de son implacable vengeance?... Toujours des défaites qui tuent et des victoires qui déshonorent.... Toujours ces repressailles furibondes qui doublent le deuil de la patrie et ne la vengent pas.

Je ne puis le taire, Messieurs, à ces déchirans souvenirs qui en appellent si cruellement aux passions, mon ame toute entière s'est émue; peut-être s'est-elle irritée.... Mais je déchirerais ma toge, si, au milieu de ces grands devoirs qui touchent à la vie des hommes, je laissais percer quelque indice de ces menaçantes faiblesses.

Non, Messieurs, de plus consolans tableaux appellent nos regards. Chaque parti montre aussi avec orgueil ses traditions de générosité et d'honneur. Celles-là, grace à Dieu, sont encore les plus riches en France, et sous tous les pouvoirs qui l'ont dominée, on trouve au fond des cœurs français d'inépuisables trésors de loyauté et de clémence.

Pardonnez-moi de le dire, je n'ai pas servi la restauration, j'ai même refusé de la servir: devais-je m'attendre, dans une telle lutte, que ce serait moi qui en deviendrais le vengeur?... Je n'hésite pas toutefois: la restauration n'eut jamais mes sympathies; mais elle fut quinze ans le gouvernement de mon pays, et pourrait-on la flétrir toute entière sans jeter sur la nation elle-même quelques facheux reflets?.. D'ailleurs qui la défendrait devant vous?... Seraient-ce les accusés, pour soulever contr'eux un nouvel indice d'accusation? Alternative cruelle où se trouvent des hommes d'honneur, obligés de choisir entre le silence qui désespère et la réponse qui pourrait accuser. La restauration, Messieurs, eut aussi ses jours de clémence et d'amnistie. Les pardons de la Bidassoa ne sont point oubliés; et, sans sortir de cette cause, les accusés ne peuvent-ils aussi revendiquer leur part de ces nobles souvenirs? Vous souvient-il qu'hier encore, on vous relisait dans cette enceinte de belles et touchantes paroles de réconciliation et d'oubli que le comte de Kergorlay faisait entendre jadis à la tribune nationale, comme pour montrer que la stoïque inflexibilité des doctrines n'ôte rien à la généreuse effusion d'une ame toute française.

Et cet autre accusé qui semble m'avoir plus particulièrement dévoué sa défense, croyez-vous que sa grande ame soit restée oisive, alors qu'il représentait la France dans ce pays malheureux où le flambeau de la guerre civile s'allume encore à l'impérissable foyer des rancunes nationales?... Cette dignité modeste qui vous a tous émus voudrait en vain cacher les plus belles pages de sa vie. Il faut qu'il me pardonne de le dire : des libéraux espagnols lui durent maintes fois leur salut. Quatre hommes en un seul jour furent soustraits à la mort par sa française intercession!... Ce sont des souvenirs qui rafraîchissent le cœur dans les jours mauvais, et quand on les retrouve en remontant sa vie, il est permis de rester *illustre* (1) même au banc des accusés, et cette célébrité n'est jamais démentie par l'histoire.

N'allons pas si loin. Dans l'enceinte de cette cité qui nous écoute, quel grand exemple vient frapper ma mémoire!... Il y a quinze années, un général proscrit dérobait sa tête à l'échafaud. Une généreuse hospitalité lui fut offerte par un homme de bien qui appartient à ce pays. Vous le nommerai-je, Messieurs? son nom est dans toutes les bouches (2), comme son souvenir est dans tous les cœurs. Ce fut au foyer de cet ennemi politique que cet illustre guerrier s'assit pendant six mois. Il dédaigna les prévoyantes défiances de son hôte, et l'imprudent pri-

(1) Voir la réplique du ministère public.
(2) M. de Meaux.

sonnier courut au devant de la mort. Les soins hospitaliers ne s'arrêtèrent pas-là. Cet homme généreux le suivit des yeux, *comme une mère suit son enfant* (1), jusqu'au pied du tribunal militaire. Partout ses prières et ses supplications furent entendues. *C'était vraiment un saint et pieux pèlerinage* (2), puisqu'on allait demander aux juges de les éclairer, ou du moins de les fléchir. Le général succomba !....

Pardonnez le souvenir d'une des plus vives douleurs qu'ait éprouvées ma première jeunesse. Je n'accuse que le malheur des temps ; mais du moins ce vieux soldat de l'empire vit ses derniers momens adoucis par la pensée de cette générosité politique. Du moins il put entrevoir dans l'avenir des jours de concorde et de bonheur pour son pays : et sans doute, en tombant sur sa vaillante épée, il tourna ses derniers regards vers ce domicile hospitalier, vers cette ville bienfaisante qui lui avaient donné asile, comme pour lui transmettre l'adieu de la reconnaissance, le dernier hommage du soldat.

Que dis-je ?.. ce témoignage existe encore ; la voici cette lettre d'adieux, et vous me pardonnerez dans une cause de réconciliation d'en lire quelques paroles :

« *Je meurs en vrai soldat français, en bon chrétien, et je n'oublierai jamais ce que je dois à l'intérêt que m'ont témoigné en cette occasion, et avec tant de générosité, les bons habitans de Montbrison* (3)..... »

Certes, ou je me trompe, ou c'est-là un glorieux testament pour une cité. C'est-là un noble dépôt pour une famille ; et quelle race antique ne l'étalerait désormais comme le plus beau fleuron de ses armoiries !.. Gloire donc à ce vertueux citoyen qui a mérité pour ses descendans et pour son pays une si rare couronne !.... Gloire aussi à cette ville, car ses sympathies désormais ne seront plus calomniées ; elle a conquis le privilége d'une impartiale hospitalité. Sa vaste humanité embrasse également tous les partis vaincus ; elle a des larmes pour toutes les infortunes, et des asiles pour tous les proscrits.

Dans un tel pays, Messieurs, qu'importe le choix des

(1) Paroles de la fille *Vacca*, témoin à charge.

(2) Paroles du ministère public. Voir sa réplique.

(3) Lettre écrite par le général Mouton-Duvernet, le 19 juillet 1816, et datée quatre heures après la lecture de son arrêt.

jurés ? Et qu'on ne craigne pas de m'entraîner ici sur un terrain brûlant. Il me siérait bien à moi qui vit tant d'impartialité dans les rangs opposés, de supposer moins de justice dans les larges et indulgentes doctrines de l'opinion libérale.

Que dis-je, Messieurs, quel mot m'est échappé ? Des opinions !.. A Dieu ne plaise que j'entreprenne, à l'exemple du ministère public, de vous classer en catégories politiques. J'ai trop de respect pour votre caractère et trop de foi dans vos sermens. Vos opinions !.... hors de cette enceinte, je puis les connaître et les partager; mais ici, vous ne siégez pas avec des opinions; vous n'avez plus que vos consciences.

C'est à elles seules que je m'adresse, au nom de cette France qui, après quarante ans de vicissitudes politiques, ne soupire plus qu'après le repos.

Je parlerai donc le langage de la modération ; et pourtant n'aurais-je pas aussi le droit d'être véhément ? Combien à l'origine de cette procédure d'illégalités dont je gémis, de persécutions mesquines dont je m'indigne, de petites vexations dont je rougis ? Ces tableaux vous ont été présentés; il le fallait; gouvernans et gouvernés en ont également besoin; mais en ce moment, le besoin qui les domine tous, c'est celui des idées sages et pacifiques. Je serai fidèle à cette devise ; et si parfois l'émotion m'entraîne, vous me pardonnerez, Messieurs, car j'ai promis le calme de la raison, et non la lâche insensibilité de l'égoïsme.

Entrant ensuite dans la cause, M. Sauzet s'est efforcé d'établir l'absurdité de l'accusation. Deux mots terribles ont retenti à mes oreilles, dit-il : complot, attentat ; le tout ayant pour but de bouleverser l'état, la société tout entière, et, à côté de ces grands mots, de ces effrayantes catastrophes, on vous montre un bateau partant de Livourne, avec sept passagers ; à Marseille, une émeute, une sédition, si l'on veut ; mais enfin, une émotion populaire, qui fut calmée en quelques heures, sans qu'il y eût du sang versé, et sans que vous ayez entendu les tristes gémissements des funérailles !.... Quel luxe mesquin pour une accutation aussi grave !

Abordant les faits de l'accusation, le défenseur cherche à établir que le complot dont on soutient l'existence, était absurde en lui-même, et qu'on n'apporte aucune preuve suffisante pour en démontrer la réalité. D'abord, la Provence était un terrein bien mal choisi pour servir de foyer à la guerre civile. On concevrait, qu'on eût pu jeter les yeux sur un pays comme la Vendée, cette terre des souvenirs et de la fidélité, pour un objet de cette nature; mais, dans ces contrées méridionales, on a point cette constance, cette force d'ame nécessaires pour soutenir une longue lutte: les esprits y sont légers, et les caractères bouillans, prompts aux démonstrations, mais ne poussant que rarement ces démonstrations jusqu'à des actes sérieux. La foudre y gronde toujours et n'y éclate jamais. Ainsi, ce n'était point un théâtre convenable au drame qu'on voulait y jouer.

Me Sauzet soutient que le caractère seul de celui que l'on représente comme le chef du complot, M. le Vicomte de St-Priest, suffirait pour en démontrer l'invraisemblance. Cet accusé, homme d'expérience et de sang-froid, vieilli dans l'exercice des fonctions diplomatiques, n'ayant ni cette fougue de jeunesse qui aurait pu le précipiter dans une entreprise téméraire, ni cet aveugle attachement aux vieux préjugés qui en tient souvent lieu dans un âge plus avancé, ne peut avoir été l'ame d'une conspiration aussi extravagante que celle qu'on suppose.

Quant au voyage du *Charles-Albert*, le défenseur prétend que le voyage s'expliquait tout naturellement, de la part de M. de St-Priest, par les affaires qui l'appelaient en Espagne; et, quant aux autres passagers, par des motifs d'agrément ou par leur attachement à la personne de M. de St-Priest. Il soutient que les divers incidens de ce voyage, ne sont autre chose que le résultat des chances communes de la mer. Le débarquement de sept personnes dont parle l'accusation, a eu lieu, selon lui, dans la nuit du 28 au 29 avril, et non dans la nuit du 29 au 30; sur les côtes de Catalogne, et non sur les côtes de Provence. Le ministère public ne peut prouver que ce débarquement ait été effectué à l'heure et dans le lieu qu'il prétend; la défense, au contraire, produit une attestation du gouverneur de la province Espagnole, de laquelle il résulte que, dans la nuit du 20 au 29 avril, un débarquement clandestin a eu lieu sur la côte d'Espagne: quel pouvait être ce débarquement, si ce n'est celui dont parle l'accusation? Les différens objets trouvés à bord du *Carlo-Alberto*, et qui figurent au procès, comme pièces de conviction; le testament de la duchesse de Berry, le nécessaire à ses armes, les tablettes et les valises attribuées à M. de Ménard, ne prouvent rien, parce que leur existence se justifie tout naturellement par les explications que les accusés ont données. Quant à la lettre trouvée à bord du *Carlo-Alberto*, et que l'accusation attribue à M. Sala, elle ne mérite aucune espèce de créance; puisque l'accusé Sala la dénie, et qu'on n'établit pas qu'elle fût de lui. Cette lettre a été vraisemblablement fabriquée et glissée à bord du *Carlo-Alberto*, par le cuisinier Cagniolari, qui a été le dénonciateur des accusés.

Arrivant ensuite à la relâche de la Ciotat, et à la question du droit des gens, M. Sauzet poursuit en ces termes:

Tout ne semble-t-il pas épuisé? je ne m'arrêterai pas toutefois, il reste une grande question à débattre. Ce sera la dernière : les accusés pourraient s'en passer, je le sens. Qu'est-il besoin pour eux, que le droit des gens interdise de les juger, quand déjà leurs juges proclament leur innocence? mais le droit des gens a été évoqué par la défense, et, pour décliner son autorité, le ministère public a fait un appel à toutes les puissances de l'accusation : vous l'avez vu accumuler les argumens, les citations, les exemples, il faut le suivre pas à pas dans cette carrière; il y aurait lâcheté à déserter cette question sublime.

Nous osons le dire, Messieurs, il y a plus ici qu'un procès de complot. Il s'agit bien maintenant d'une incertaine appréciation de faits, d'une pénible scrutation de consciences, c'est le droit sacré des nations, impérissable comme elles, qui est mis en cause pardevant vous, et soumis à votre justice. Voilà ce qui a imprimé à ce grand débat son plus grand caractère, voilà ce qui a suscité partout les sympathies publiques. C'est-là, si je dois le dire, le principal objet de ma mission.

Oui, Messieurs, quand on m'a vu jeté dans cette question immense, des secours me sont arrivés de toute parts, des hommes qui ne me connaissent pas m'ont écrit, des personnages qui occupent un rang éminent dans l'état, des amis même du pouvoir se sont indignés à la seule pensée du droit des gens violé, tous m'ont envoyé à l'envi les trésors de leur sagesse. Je me suis nourri de leur science, échauffé de leurs inspirations, et, si je ne craignais de manquer à une sage discrétion, je nommerais de grands noms qui sont descendus dans cette lice et qui parleront par ma faible voix.

Quelque pressés, Messieurs, que nous soyons d'ouvrir de suite à vos yeux les sources précieuses du droit des gens, il faut que nous sachions si vos yeux sont dignes de les voir. Ne soyez pas surpris de cette apparente irrévérence; elle ne vient pas de nous. C'est l'accusation qui veut soustraire ces hauteurs, je ne dis pas seulement à votre justice, mais même à celle des tribunaux inamovibles. Elle a dit que de telles questions échappaient au domaine des tribunaux; elle a dit que le jury serait dans tous les cas incompétent pour en connaître.

Quoi, Messieurs, les tribunaux n'auraient pas à juger de telles questions? et qui donc prononcera sur la validité des arrestations et le mérite des incompétences? faudra-t-il que le pouvoir exécutif revêtant ses armes dictatoriales jette le gant du défi à l'autorité judiciaire? Que dis-je? la justice éteindra son flambeau, pour s'égarer dans les tortueux sentiers de la diplomatie, et ce sera au ministre des affaires étrangères à décider si la prison doit se rouvrir et si la justice doit juger!

Non, Messieurs, à chaque pouvoir son indépendance. Que la puissance exécutive venge les insultes du pavillon et maintienne le droit politique de nos représailles et de nos captures. C'est-là son lot. Il reste assez beau; car c'est le glorieux dépôt de la dignité nationale. Mais les intérêts privés des prisonniers, mais leur liberté et les formes qui les en privent, tout cela n'appartient qu'à la magistrature.

Il ne se peut, disait naguères, devant la cour de cassation le savant magistrat dont la grandeur nouvelle a laissé au barreau une place vide encore, il ne se peut que la justice accepte un prisonnier sans savoir quel il est, ni qu'elle le juge avant de s'enquérir si elle a le droit de le juger. Certes, Messieurs, quelque grave que soit l'opinion du magistrat que vous avez entendu hier, il serait permis de la trouver légère, quand dans l'autre bassin de la balance, je rencontrerai toutes les vieilles traditions parlementaires, les plus beaux exemples de la dignité nationale, et l'autorité du plus éloquent et du plus élevé de tous les représentans que possède aujourd'hui le ministère public en France. Si toutefois ce bassin n'est pas encore assez lourd, nous y jeterons trois arrêts souverains et la puissance de la chose jugée.

Oui, Messieurs, la cour d'Aix a reconnu sa compétence en annulant l'arrestation. La cour de cassation a brisé son arrêt, non parce qu'elle lui a contesté le droit d'apprécier, mais parce qu'elle a jugé l'appréciation vicieuse; et cette cour régulatrice a tellement proclamé la compétence de l'autorité judiciaire, qu'en cassant l'arrêt d'Aix, elle a renvoyé l'examen de la question à un autre corps de magistrature.

Cet autre corps, Messieurs, c'est la cour de Lyon qui a reconnu à son tour son droit de statuer en validant l'arrestation en l'état. Car, ne nous y trompons pas, il faut pour valider autant de puissance que pour annuller; l'exercice en est différent, la source du droit est la même.

Ainsi sur le droit et la compétence des tribunaux, nous pouvons dire qu'il y a chose jugée.

Que parlez-vous de chose jugée, dit l'accusation, c'est contre vous qu'elle s'élève, la chambre des mises en accusation de la cour de Lyon a tout fini. En décidant que les arrestations étaient valables, elle a rejeté l'exception du droit des gens. Tout est dit : il y a chose jugée. Chose jugée! qu'il me soit permis d'être surpris qu'on parle de chose jugée devant le jury, lui qui fait la chose jugée et ne la subit jamais. Entendons-nous sur ces ambitieuses paroles. Sans doute ce point de droit n'appartient pas au jury; sans doute si la cour de cassation, si la cour de Lyon eussent proclamé que le droit public ne porte pas secours aux naufragés, que de telles exceptions ne sont pas reçues, parce qu'elles ne sont écrites nulle part, qu'il importe peu que des malheureux soient attirés par ruse ou retenus par force; qu'il faut que ces malheureux soient jugés et frappés, je comprendrai que désormais la question de droit est jugée, et qu'il reste plus de place à vos regrets qu'à votre puissance. Encore je ne sais trop, Messieurs, si vos cœurs se contenteraient de murmurer en secret, et peut-être le malheur pourrait-il espérer encore! Qui sait tous les trésors secrets de votre pouvoir dont vous ne devez compte qu'à Dieu?

Mais de bonne foi, Messieurs, est-ce là notre situation? Qu'a décidé la cour de Lyon! a-t-elle dit que la relâche forcée ne fut pas une exception d'inviolabilité? a-t-elle méconnu le droit des gens? non, Messsieurs, les trois cours qui ont prononcé dans ce procès, ont reconnu le principe avec des différences toutefois : la cour d'Aix l'a déclaré, la cour de cassation l'a timidement confessé, et la cour de Lyon l'a solennellement et énergiquement consacré. Lisez son arrêt. Qu'a-t-elle dit? elle a dit et elle a pu dire que les faits déclarés constans par la cour d'Aix étaient des indices de flagrant délit, d'agression continuée dans la Baie de la Ciotat. Mais ces faits, elle les a jugés provisoirement en l'état comme juge tout arrêt de la chambre d'accusation; elle n'a pas jugé plus définitivement le flagrant délit que le délit lui-même. Quoi! vous voulez que le flagrant délit soit définitivement jugé? mais alors que faisons-nous ici? à quoi bon la majesté de cette audience, l'éloquence de ces discours, la pompe de cet appareil? nous jouons tous ici une représentation solennelle, et l'apparente liberté des questions ne fait que masquer l'esclavage des réponses; votre conscience porte la chaîne d'une autre conscience, vous n'êtes plus que les subalternes échos de la justice dont la loi vous a faits les intelligens organes.

Ne nous y trompons pas : aucun point de fait n'a été jugé définitivement par l'arrêt de la chambre d'accusation. Elle pose le principe et elle déclare que si la relâche forcée était établie, les arrestations seraient nulles et qu'il n'y aurait lieu à aucune accusation devant le jury, puisqu'il n'y aurait plus d'accusés prisonniers et présens. Voilà ce qu'elle décide, mais les faits sont restés dans votre domaine.

Comme il vous appartient de savoir s'il y a complot, vous pouvez seuls juger les faits et les intentions des conspirateurs : à vous de dire ce qui amenait le *Charles-Albert* à la Ciotat; s'il y a été poussé par le crime ou jeté par la nécessité du salut; et si cette nécessité vous est démontrée, si, grâce au droit des gens, elle rend l'arrestation nulle, vous l'annulerez, Messieurs, par le seul moyen qui soit entre vos mains, c'est-à-dire en déclarant l'innocence; et vous n'aurez pas menti à vos devoirs, car ils sont innocens pour vous, ceux que vous n'avez pas le droit de juger.

Que dis-je ? vous ne pourriez faire autrement sans rendre un verdict de culpabilité, qui frapperait d'une exécution forcée des accusés qui légalement devraient être libres encore, sans consacrer par d'irréparables effets, une captivité qui fut vicieuse dans sa source et que la loi des nations vous commande de briser.

Il faut donc d'abord éclairer les faits. Y avait-il relâche forcée ?

Quel motif conduisait le *Charles-Albert* à la Ciotat ?

Le ministère public avait d'abord rêvé l'idée d'une aggression instantanée. Il en a senti l'invraisemblance. Un débarquement de cinq hommes pour combattre! c'était bien tard venir au secours de la victoire, et plus tard encore pour réparer une défaite.

Forcée de renoncer à cette hypothèse, l'accusation a supposé les mouvemens d'une curiosité politique qui brûlait de connaître les événemens accomplis. Mais oublie-t-on le bateau pêcheur rencontré le matin du 3 mai en vue de Marseille? Et le drapeau tricolore qui l'ombrageait, n'avait-il pas tout dit sur l'issue du complot du 30 avril ?

Le bâtiment venait donc relâcher à la Ciotat, et puisqu'on ne peut donner aucun motif plausible à une relâche volontaire, il faut bien proclamer la relâche forcée, à moins qu'on ne prétende par hasard que les passagers couraient de gaité de cœur se jeter au devant de la gloire des supplices et des délices de la captivité.

Toutefois, Messieurs, ce n'est pas seulement par ces preuves morales que la défense établit la nécessité de la relâche. Rappelez-vous le faisceau de preuves matérielles et de déclarations testimoniales, qui ont fait jaillir sur ce point du débat une si vive lumière.

Que vous ont dit le lieutenant Lautier, témoin à charge, le capitaine Janvier, témoin à décharge, les matelots du *Charles-Albert*, le maire même de la Ciotat et l'équipage entier du *Sphinx* ?

Que la marche du navire était lente et difficile, qu'il

avait mis sept heures à franchir les cinq lieues qui séparent Planier de la Ciotat ; qu'en approchant de la rade il avait demandé un mouillage pour réparer la chaudière et que le directeur subrécargue, en prenant terre, s'était hâté de se rendre à la santé pour faire la même demande. Et, sans parler de manque de vivres et de comestibles, le seul, état de la chaudière ne rendait-il pas la relâche nécessaire ? Les témoins vous ont appris que d'importantes fissures s'y étaient déclarées, que l'eau s'échappant à travers inondait le bâtiment et menaçait d'éteindre le feu; qu'on obtenait à peine un reste de vapeur en poussant le foyer avec violence, qui, au dire de deux témoins, eut produit en moins d'une heure une inévitable explosion et n'eût plus jeté que des débris sur la terre de France. En est-ce assez pour prouver l'imminence du danger? Non, réplique l'accusation ; la chaudière allait manquer, il est vrai, mais on pouvait suppléer à la vapeur par la force des voiles. C'est ici que le ministère public a étalé des connaissances nautiques dont nous sommes plus étonnés que jaloux. Je me garderai d'entreprendre de moi-même une lutte inégale. Je mettrai à ma place tous les officiers de marine entendus pardevant vous, et il est permis sans irrévérence de les croire encore plus marins qu'un avocat-général. Ecoutez, Messieurs, leur langage, et je les conjure de me démentir à l'instant s'il m'échappe un seul mot qui ne soit émané d'eux.

C'est, Messieurs, un problème que la science n'a point encore résolu que de réunir sur un même bâtiment la force motrice de la vapeur et celle de la voilure ordinaire. Ce sont deux forces qui ne s'ajoutent pas. Elles ne s'excluent pas, il est vrai, mais il faut que l'une laisse à l'autre la direction prépondérante.

Ainsi un bateau à vapeur a des voiles, et quand le vent le favorise, il peut s'en servir pour accélérer sa marche.

Mais quand le vent devient contraire, la voilure devient inutile, il ne peut lutter avec lui qu'avec l'appareil à vapeur, et si cette force est brisée, tout lui manque à la fois. Sa construction ne lui a pas laissé la force des voiles ordinaires. Il ne peut ni gagner au vent par d'habiles manœuvres, ni diriger sa marche au travers des obstacles. Pour lui, le calme plat, c'est l'immobilité; le vent contraire, c'est la tempête.

Que dis-je? Pour user alors même de ses impuissantes voiles, il faut d'abord détruire l'appareil à vapeur, et cette destruction ne s'opère pas en haute mer avec cette industrieuse dextérité qu'on peut improviser au banc du ministère public, mais qu'il est plus difficile d'exécuter au milieu des vagues furieuses. Et pendant le temps qu'on perd à cette démolition, le navire, privé de voiles et de vapeur, s'abandonne à la merci des flots, et peut se voir jeté violemment à la côte où il périt sans secours.

Voilà, Messieurs, le fidèle tableau d'un bâtiment à vapeur qui, privé de son moteur ordinaire essaie de lutter avec la voile, contre la force du vent contraire.

Or, Messieurs, quel vent régnait alors? Les remarques de l'observatoire de Marseille, et les dépositions de tous les témoins vous apprennent qu'un vent de sud-est déclaré écartait le vaisseau de la direction de Nice et battait ses flancs avec toute la violence d'une tempête.

Eh bien soit! s'écrie l'accusation. Le *Charles-Albert* luttait contre des inconvéniens graves, mais il en pouvait triompher. Il devait l'essayer du moins, et jusque là on ne voit pas cette imminence de péril, cette certitude de naufrage, qui peuvent seuls établir les exhorbitans priviléges de la relâche forcée.

Je pourrais demander depuis quand on compte en France de si près avec le malheur, et savoir du ministère public où il a pris ces thermomètres hasardés qui mesurent si juste l'intensité des dangers.

J'avais cru jusqu'ici que la croyance du péril était le péril même et que l'infortuné qui, tremblant pour sa vie embrassait un autel, le rendait par sa seule crainte inviolable et sacré.

Eh bien non, Messieurs, je me résigne à toutes ces rigueurs; mon cœur se plie à ces subtilités cruelles. Désormais une nation pourra dénier à d'incertains dangers sa plage d'hospitalité. Les temps d'humanité ne seront point venus pour ceux qui peuvent encore lutter contre la fortune; mais cette nation devra du moins prononcer aux nations ce terrible mot : *pas encore*; il faudra du moins qu'elle les rende à la chanceuse liberté des flots. Elle peut refuser un asile, mais elle ne peut donner des fers.

Surtout elle ne présentera point aux réfugiés un visage riant et une terre amie, elle ne les attirera pas au port pour en faire une prison et se glorifier honteusement du piège. Grand Dieu ! serait-ce la généreuse France qui devrait ressembler à ces lâches meurtriers de l'Egypte qui attirèrent jadis un grand homme pour lui donner la mort sur ces rives qui semblaient l'adorer.

Non, Messieurs, la loyauté doit répondre à la loyauté; on peut être rigoureux et cruel; nul n'a le droit d'être perfide.

Mais il ne faut pas même, Messieurs, laisser à l'accusation ses doutes sur la certitude du naufrage : il faut assurer la stoïque rigueur de ses scrupules.

Je ne dis plus qu'un mot. Telle était l'imminence de l'explosion et la violence de la tempête que vous avez su par le commandant du *Sphinx* qu'à peine son bâtiment, l'un des meilleurs de l'état, pouvait lutter contre les orages ; que, sans une mission impérieuse, il n'eût pas même avec son puissant appareil affronté la force des vents, et qu'il fallût employer pour le trajet de la Ciotat à Toulon 8 à 10 heures de cette terrible nuit. Et c'est cette nuit, Messieurs, qu'on voulait imposer au *Charles-Albert*, sans appareil et sans défense. Certes, il n'aurait pas eu de lendemain ; fallait-il attendre encore ? Voulez-vous, pour secourir, que la mort ait achevé de déployer ses ailes ; voulez-vous que la France épie d'un œil jaloux les dernières convulsions de l'agonie pour ne donner sa terre qu'à des cadavres, et son pavillon de refuge que pour servir de linceuil.

Arrêtons-nous, Messieurs : nous avons prouvé que vous avez eu le droit de chercher s'il y a eu relâche forcée ; nous avons établi la nécessité de cette relâche; il ne reste plus qu'à démontrer quels sont les principes du droit des gens sur la relâche forcée. C'est une question de droit ; ne vous en effrayez pas, Messieurs.

. Ne craignez pas que je vous surprenne par des subtilités, ni que je ne vous fatigue par des citations. Que peut l'argumentation sur un droit simple et vrai comme la nature ? Que signifient les auteurs qui ne peuvent ni retracer des lois écrites, ni en créer par leur puissance ? sans doute leur science a son prix ; elle rappelle des exemples et des usages qui éclairent vos consciences par celles de vos devanciers ; mais telle est la destinée du droit des gens, qu'il parle par son seul empire à tous les cœurs : il ne se prouve pas ; il s'expose. Il ne conquiert pas l'adhésion ; il l'entraîne par un mouvement spontané. Le droit des nations, comme tous les autres, c'est le frein du fort et la garantie du faible. La fortune et la victoire n'ont jamais besoin d'être protégées, et partout où le droit des gens parle, croyez qu'il y a quelques opprimés à défendre, quelques malheureux à secourir. Noble et touchant privilége de l'humanité qui place toujours un droit à côté de la force, pour retenir son bras et légitimer sa victoire ! Ainsi le droit des gens soustrait le prisonnier de guerre au glaive du vainqueur; il couvre de son égide l'ambassadeur défendu par son rameau d'olivier au milieu d'une population furieuse ; il endort au foyer de l'hospitalité les haines nationales. Droit sublime et sacré qui ne se promulgue que dans les cœurs, qui n'a d'autre limite que le monde, de sanction que celle du Roi des rois, et de tribunal que l'histoire.

Eh bien ! Messieurs, ce droit des nations qui a fait la sainteté des sermens antiques, ce droit que révère encore la foi hospitalière du sauvage, ce droit a surtout réglé les infortunes de mer. La mer n'est soumise qu'à son seul domaine ; elle n'a subi ni les jalouses divisions de la propriété, ni les étroites conventions du droit civil. Libre comme la nature, elle ne reconnaît que ses lois.

Ces lois, telles que le consentement des nations civilisées les a comprises, ont reconnu deux grands principes : l'indépendance du pavillon et l'inviolabilité du naufrage. Le premier couvre les amis ou les neutres. Le second protége jusqu'aux ennemis.

L'indépendance du pavillon, c'est l'indépendance du territoire, le sol mouvant des mers est demeuré le commun patrimoine de tous, et le bâtiment qui les sillonne fait voler avec lui sur les flots son drapeau et sa patrie. Ainsi les passagers de son bord sont encore sur la terre dont les armes flottent sur son pavillon ; et si le hazard ou la fuite y ont jeté des criminels ou des proscrits d'une autre contrée, son ombre les protége comme la terre étrangère elle-même, et le droit des nations les couvre d'un inviolable abri.

On a dit toutefois qu'une violation de ce principe n'était qu'une insulte de peuple à peuple, et qu'elle devait rester impunie jusqu'aux réclamations de la puissance offensée.

Un illustre avocat a répondu que la Sardaigne a réclamé; il l'a prouvé; il en avait reçu la mission honorable également pour lui et pour la cour de Turin, qui a justement senti son honneur exposé. Ainsi le roi de Sardaigne a réclamé; il a bien fait pour lui, pour lui il en avait besoin. Mais qu'importe pour nous ? Est-ce que le sort des victimes dépendrait de la faiblesse ou de la force des gouvernemens étrangers. Tout mon sang français bouillonne à cette seule pensée. Quoi!.. la France attendrait pour juger les plaintes et les menaces d'autrui!... Que dis-je ?... elle serait juste selon sa crainte et laisserait jeter le glaive étranger dans les balances de sa justice...... Ah! sont-ce là, Messieurs, les traditions de notre histoire; et depuis quand attendons-nous des échos étrangers le retentissement de l'honneur!....

Non, Messieurs, la France observe le droit des nations pour elle et pour sa gloire, et non pour plaire à d'autres. Elle met également sous ses pieds les lâchetés ou les arrogances de la diplomatie.

Celle-ci se tairait en vain. Son silence ne saurait tuer les victimes. Si la nature parle pour elles, la France entendra toujours; et si par hazard la nature ne parlait pas, si quelque sourde connivence de cabinet avait masqué de son pavillon une entreprise ennemie, pour attaquer sans péril et faire la guerre sans responsabilité, qu'importerait alors les réclamations, qu'elles vinssent de Sardaigne ou d'Angleterre ? Il faudrait que la capture demeurât, malgré les cris contraires. Nous viendrions demander justice aux tribunaux du pays, certains qu'ils ne s'arrêteraient que devant les lois et jamais devant la crainte.

J'ai dit ici toute ma pensée. Le droit des gens ne peut permettre qu'on abuse de sa loyauté; il protége sans doute des proscrits par l'indépendance du pavillon ; mais si ce pavillon n'est lui-même qu'un piége; si le navire lui-même est armé pour des complots, il devient un navire ennemi: c'est la guerre avec la perfidie de plus et les périls de moins; la nécessité justifie la défense, et la vengeance du pays ne peut s'arrêter désarmée devant l'ombre menteuse d'un pavillon trompeur.

Était-ce là, Messieurs, la situation du Charles-Albert. L'accusation a fait de cette supposition sa pensée favorite; elle a dû devenir aussi le pivot de la défense. Tout ce plaidoyer a été consacré à la combattre, et ce n'est pas le moment de le recommencer : il faut s'arrêter là sur cette question du droit des gens, car dégénérée en point de fait, elle se mêle au fond de la cause; et nous ne l'avons traitée que pour rétablir les principes et non pour répéter les faits.

Mais je vais les supposer vrais : c'était un navire ennemi : c'était l'état de guerre. Mais il est constant du moins qu'en ce moment il n'approchait pas de nos côtes dans des projets hostiles... l'inimitié ne l'y attirait pas. La tempête et la détresse l'y jetaient malgré lui; en un mot, ce n'était pas une descente volontaire.... c'était une relâche forcée.... Relâche forcée.. ce mot dit tout; il suscite la plus haute question du droit des gens. Il s'agit de savoir qui l'emporte à ses yeux, de l'inviolabilité du naufrage ou des droits de la guerre.

La mer, Messieurs, est devenue aussi un champ de bataille et de carnage. De quoi n'abuse pas la colère des hommes pour s'entre-détruire? Mais que ces combats sont petits, quand la guerre des élémens se déchaîne? La mer devient alors l'ennemi commun de tous les hommes. Il faut que toutes leurs haines se suspendent, que toutes les côtes leur soient amies; et ce n'est pas trop pour eux d'être tous pour s'entr'aider dans ces terribles convulsions de la nature. Ainsi un malheureux que les fureurs de l'Océan jettent malgré lui sur la côte, n'y trouve ni ennemis ni patrie, mais seulement un abri; il peut avoir été criminel hier; il pourra le devenir demain, mais aujourd'hui il n'est que malheureux.

La vengeance de la société ne l'eût point atteint au milieu des mers, et parce que leur inconstante colère le rend un instant à la terre, on ne peut davantage le frapper sans honte.... Accepter un tel présent, ce serait se rendre complice des élémens déchaînés et se montrer plus impitoyable que le caprice des flots qui avait fait luire une dernière espérance au milieu des tempêtes. On ne peut songer à la haine; on se souvient seulement de l'humanité. Ainsi la colère se calme pour dire à la victime : « Tu étais hier mon ennemie; mais aujourd'hui « tu ne venais pas attaquer ma demeure. Je ne puis « frapper de mon glaive sur des mains suppliantes. Sois

« mon hôte; et l'orage calmé, je te rendrai aux flots,
« pour te retrouver et te vaincre un autre jour de ma
« vie. »

Voilà le langage de la nature dans ses grandeurs, c'est-à-dire le langage du droit des gens. Le voilà tel qu'il a retenti depuis l'antiquité jusqu'à nos jours, toujours le même, accumulant les siècles sans rien perdre de sa puissance. Les lois civiles varient, le droit des gens est immuable. De la cour de Priam aux républiques américaines, pas un principe n'a fléchi : l'ambassadeur moderne n'a d'autre sauvegarde que celle de l'envoyé des temps primitifs, et la civilisation qui a perfectionné la navigation n'a rien changé aux priviléges de la mer.

La défense a cité des exemples nombreux; elle pourrait les multiplier encore, sans rien ajouter aux principes.

Que je rappelle seulement les plus éclatants... Souvenez-vous de ce gouverneur espagnol donnant l'hospitalité à un bâtiment anglais que la tempête avait, en temps de guerre, forcé d'aborder à La Havanne.

Et le malheureux Palma accusé d'un crime politique ne trouva-t-il pas justice et merci dans les états absolus du roi de Sardaigne? Arrêté sur un navire en état de relâche forcée, il fut livré aux tribunaux de son pays. Les juges prononcèrent la sentence de mort, mais respectant les droits du naufrage, ils ordonnèrent qu'on le reconduirait hors du territoire sarde et qu'on lui lirait sa sentence aux frontières, pour lui apprendre que s'il osait les franchir, il y retrouverait le glaive que le malheur seul avait pour le moment écarté de sa tête.

La France a fait plus encore. Celui-là fut du moins jugé; mais nous, nous refusâmes de condamner les naufragés de Calais. — On a beaucoup commenté ce trait célèbre; mais quelle vérité consolante a surnagé au milieu de ces abîmes d'argumentation? Que dans les temps les plus orageux de la république une commission militaire refusa d'ordonner le supplice des émigrés français que la tempête avait livrés; que leur liberté fut suspendue, il est vrai, par nos viscissitudes politiques, mais qu'elle fut enfin solennellement rendue par un arrêté des consuls où on lisait ces nobles paroles, dignes présages d'un gouvernement réparateur qui préludait par la restauration des principes à la régénération de la France, que la justice se révolte à l'idée de profiter du malheur *pour livrer des naufragés mêmes au juste couroux des lois.*

Rarement ces priviléges ont été violés, et quand ils l'ont été, de longs cris d'indignation se sont fait entendre de siècle en siècle. Notre longue anthipathie contre les fiers dominateurs insulaires de l'Europe n'eut peut-être pas de plus irritante cause ; et nos cœurs s'enflamment encore aux souvenirs de ces grands méfaits qui épouvantèrent le dernier siècle et appelèrent aux armes les sauvages du Canada, pour venger l'honneur de leurs vieilles forêts.

Grâce à Dieu!... la France est vierge encore de ces violations... Que dis-je? malgré l'unanime consentement de tous les peuples qui fait sa source et sa sanction, le droit des gens est surtout le droit Français. C'est là que les priviléges du malheur sont sacrés, que l'honneur est une loi suprême. Dites s'il fut jamais une nation plus hospitalière pour l'étranger, plus généreuse pour les vaincus. Ce sentiment sublime survit encore jusque dans nos incurables préjugés d'honneur; il les empreint de sa loyauté impérissable, et fait, après le combat, du vaincu blessé le soin et le regret du vainqueur. Chevalerie aux temps féodaux, philanthropie au 19.me siècle, changeant de nom sans changer de nature, c'est lui qui entoure les prisonniers d'Anvers de ses admirations et de ses hommages, c'est lui qui conduit au chevet d'un adversaire blessé un jeune écrivain blessé lui-même, comme pour donner, par cette noble cordialité, un démenti éclatant au cri d'alarme et de vengeance qui avait retenti dans le pays; c'est lui qui guidait naguères le pavillon de France à la destruction d'un infâme repaire de pirates, perpétuelle insulte au droit des gens.

Jeu cruel et fatal des révolutions politiques!... Qui eût cru, dans ces jours d'ennivrement et de gloire, qu'un des plus jeunes vainqueurs de cette terre étrangère, après avoir payé la conquête du plus pur du sang fraternel, retrouverait un jour l'hospitalité africaine et les fers algériens aux rives tant désirées de la patrie?

Il faut donc, Messieurs, que le droit des gens soit maintenu; c'est là un intérêt immense. Sa violation appelle tôt ou tard de terribles représailles. Il faut au moins qu'il reste quelque chose de constant entre les nations. Il faut que les temps d'infélicité ne trouvent dans les hommes que des amis. C'est bien assez de toute la vie passée dans la chaine des vengeances sociales pour laisser à la nature quelques éclairs de justice et de liberté... Ah! Messieurs, prenons garde à notre avenir! Songez à la responsabilité qui pèse sur vos têtes. Si quelque jour les couleurs de la France étaient insultées en d'autres parages, si l'hospitalité se voyait déniée par des populations furieuses, si le titre de Français, si les droits du malheur étaient en vain réclamés, si le supplice suivait le naufrage, sur qui croyez-vous que le Français mourant tournerait ses lèvres éteintes et ses regards accusateurs?

Contre qui s'élèverait cette voix que va étouffer l'instrument du supplice? Contre ceux qui, sommés de par les nations de rester fidèles à leurs vieilles lois de nature, les auraient les premiers sacrifiées à de lâches passions; contre ceux qui auraient ainsi préparé de leurs mains le plus affreux de tous les spectacles....., L'agonie d'un homme expirant par la déloyauté de sa patrie, privé de la dernière douceur d'invoquer encore ce nom d'espoir et de justice, et forcé de s'en souvenir à ses derniers momens pour en rougir et pour la maudire.

Noble et belle patrie! loin de toi ces pensées sacriléges!... Non, il ne sera pas donné aux partis de flétrir de leurs fureurs ta vieille couronne de loyauté!... Non, cette terre de liberté, dont le sol affranchissait l'esclave, ne deviendra pas, pour de nobles infortunes, plus perfide que les vagues, plus implacables que les tempêtes. Vains efforts des passions!... tes jurés sont tes enfans et ta justice, et la justice du pays sauvera l'honneur du pays.

Pourquoi, Messieurs, quand ce cri généreux va s'échapper de vos consciences, s'efforce-t-on de l'y retenir captif, en vous effrayant des horreurs de la guerre civile!.... On sait bien qu'à ce mot, tous vos cœurs vont frémir, et déja le nôtre s'est animé d'une douloureuse sympathie; oui, je hais de toutes les forces de mon ame, les fureurs de la guerre civile; elle assied des citoyens vainqueurs sur les ruines des citoyens vaincus, et ne laisse à l'avenir que des volcans et des vengeances.

Mais où sont autour de nous ces terribles symptômes? Où voyez-vous rouler ces nuages menaçans de la guerre civile ?..... Et pense-t-on qu'on plante épisodiquement son drapeau sur une terre tranquille !.... Non, Messieurs, la guerre civile est un délire. C'est le sacrifice de tous les intérêts, l'abnégation de toutes les vies pour de vaines querelles de personnes, ou d'éphémères ressentimens de partis. Cette fièvre bouleversante a ses caractères et ses symboles. Il est des siècles qu'elle marque au front de sa tache sanglante. Ceux-là ne marchent qu'avec des fureurs, toujours l'œil sombre et menaçant et la hache à la main.

Dans ces temps d'épreuves et de colère, le fanatisme religieux ou politique domine les esprits. Les raisons s'aveuglent, les imaginations s'égarent : que dis-je!... les familles se divisent, les amis s'abjurent et se haïssent. Ce n'est pourtant que défiance de l'avenir et vengeance du passé.

L'intérêt personnel s'absorbe lui-même dans cet atmosphère embrasé de passions bouillonnantes, et l'esprit de vertige saisissant les rênes flottantes du pouvoir, s'écrie qu'il lui est donné de régner, et tourmente la société de ses folies, jusqu'à ce que la lassitude ait enfin calmé les flots soulevés, après y avoir englouti les trésors et souvent jusqu'à l'avenir du pays.

Qui de vous, Messieurs, méconnaît l'histoire à ce sinistre tableau?... et, sans parler des souvenirs antiques, ne vous semble-t-il pas voir reluire le poignard de la ligue ou la hache de 93 ? — Mais, grace au ciel, ces effrayantes figures ne vous apparaissent que dans le passé. Jetez les yeux autour de vous, et dites-nous si quelques nuages sanglans présagent ces redoutables tempêtes ?

Quoi, Messieurs, le dix-neuvième siècle si positif et si tolérant, accusé de folie; une société sans unité et sans croyance se dévouant aux héroïques sacrifices du fanatisme! quelles étranges chimères! mais jetez les yeux autour de vous!... voyez une presse naguères toute puissante appelant en vain les passions et ne trouvant partout que lassitude et qu'indifférence. Des partis opposés qui s'honorent et s'estiment, des mains qu'on croyait ennemies se joignant avec effusion pour débattre froidement de grandes théories sociales. Que dis-je? les doctrines, les affections, les intérêts jetés ensemble et confondus dans l'arêne d'une discussion libre et perdue dans le tranquille stoïcisme d'une incurable apathie......; des industries qui se raniment, des passions qui se lassent : voilà vos élémens de guerre civile. Non, Messieurs, il y a trop de bienveillance dans les cœurs, trop de logique dans les esprits; et nous n'avons des temps de guerre civile ni leurs funestes vices, ni leurs dangereuses vertus. La raison, ou si l'on veut le raisonnement, domine sans partage dans le pays. La lice de la pensée est ouverte. C'est à chacun d'y descendre avec ses armes et de disputer le prix du combat; mais, quand la société attentive contemple les chances variées de cette grande lutte, pour y chercher le progrès de ses doctrines et l'amélioration de ses intérêts; si quelques témérités isolées poussent des cris de guerre sans écho, à peine agitent-ils la surface sans rien toucher aux profondeurs; et, la nation, écartant leurs fragiles épées de son pacifique niveau, ne se lève point à leurs efforts. Elle reste assise dans un calme majestueux, foulant de ses pieds dédaigneux ces commotions enfantines qui attirent à peine sa curiosité, sans émouvoir ses colères. — Voilà, Messieurs, la France de 1833. Qui de vous, ne l'a reconnue à ces traits ? Puissent-ils enseigner à tous que les soulèvemens comme les persécutions sont également des anachronismes. Les appels à la force discréditent les doctrines qui croient en avoir besoin, en sorte que chaque tentative infructueuse est un progrès à l'opinion opposée, et que, loin d'en voir retarder sa marche, le pays s'avance rapidement à ses destinées sans se troubler des cris contraires. Hommes d'opinion, de croyances ou de dévouement, apprenez-le enfin par tant d'exemples. Prouvez à la société qu'elle ne vit que par vos doctrines, qu'elle ne peut être heureuse que de vos mains; mais persuadez-lui ce bonheur, et gardez-vous de l'imposer, car elle aurait brisé vos tentatives, sans vous laisser même le plaisir d'avoir, en l'exposant à des périls, encouru ses vengeances.

Cette leçon des partis doit être aussi celle du pouvoir.

Des leçons au pouvoir!... quelles fières paroles? parties du banc des accusés, ne les tiendra-t-il pas pour conseils ennemis? venues des défenseurs, n'en écrasera-t-il pas l'humilité sous le poids de son dédain? Gardons-nous, Messieurs, de nous y méprendre. Les accusés comprennent la modestie de leur position et l'indépendance de leur caractère. Le pouvoir n'accepterait pas leurs conseils, et ils se garderaient de les lui donner. Le pouvoir n'est ni de leur foi ni de leur amour. Leur fidélité rêve franchement d'autres espérances qu'elle lie au salut du pays; ils n'ont vis-à-vis du gouvernement que des devoirs négatifs à remplir : qu'ils le laissent en paix, fut-ce en le maudissant, c'est leur droit et celui de la liberté. Mais nous, Messieurs, telle n'est pas notre position. Le défenseur épouse leur cause, et non leurs sympathies; il leur doit tous les sacrifices hors celui de sa conscience. Citoyen du pays, parlant publiquement à un juri national, il a le droit et le devoir de dire toutes ses pensées quand elles se rattachent à l'intérêt de la défense.

Pour moi, Messieurs, et c'est moi seul que je représente ici, vous savez bien que mes paroles ne sont point hostiles; mais elles n'en seront pas moins amères. Que pense-t-il gagner le pouvoir à tous ces funestes procès? des acquittemens qui discréditent ses agens et censurent ses poursuites....., des condamnations qui lui valent des haines et des embarras; dans tous les cas, des débats qui empêchent la foi en lui de s'établir. Né plutôt de la nécessité que d'un principe, plus appuyé sur les intérêts que sur les prestiges d'origine, quel succès pense-t-il conquérir en se faisant mettre tous les jours en question, en ranimant chaque jour les regrets et les espérances? Les espérances! comment se perdraient-elles, quand le gouvernement proclame partout des entreprises contre son existence, quand chaque ville a son insurrection, chaque département son complot. Il triomphe, dit-il, mais de tels triomphes affaiblissent et fatiguent le vainqueur. D'ailleurs un pouvoir vainqueur est un pouvoir qui combat, et les fanfares de son triomphe sont aussi les cris de son danger. Sans doute quand ces dangers sont réels, quand ces combats sont sérieux, rien ne sert de les dissimuler. Il faut bien que le pouvoir accepte la société telle qu'elle est et qu'il la conquière avant de la gouverner; mais quand elle s'est calmée d'elle-même, quand le péril n'est nulle part, quelle folie de grandir les émeutes et de multiplier les procès!

L'agitation n'est plus que là. On entretient un mal qui n'est plus en prolongeant le remède; et c'est un mauvais moyen pour régner que de vaincre et de poursuivre toujours.

Dominer les partis, c'est encore l'état de guerre. On n'est assis que quand on les a ralliés. Vous luttez contre des espérances intéressées, contre des entraînemens généreux. Découragez-les par votre dédain ; elles veulent du pouvoir. Quand il sera bien à vous elles seront à vos pieds ; mais ne leur parlez pas de vos périls, car vous les feriez fuir, et si vous voulez que l'on croie en vous, donnez l'exemple de cette foi salutaire.

Les entraînemens généreux !.. Ah ! Je crois que vous seriez fier de les rallier, car la société vit aussi de dévoûmens et de croyances. Le temps seul peut vous les donner. Je ne sais quand il aura fini d'amollir les courages. Je n'ai le droit de me faire ni prêcheur, ni prophète ; mais si vous n'avez pu les gagner encore par la sagesse, gardez-vous de les enflammer par la persécution. C'est l'attrait des grandes ames ; elles s'attachent avec amour à ce que la fortune a frappé ; et ces blessures, sans cesse renouvelées, ne guérissent jamais.

Vos procès sont justes, dites-vous ; mais la justice politique ne frappe que par besoin les crimes de convention ; et qui dit châtiment inutile, dit rigueur injuste et dangereuse. — Moins vous serez acerbes et violens, plus vos ennemis seront abattus et terrassés, et le peuple dédaignera de suivre ceux que vous aurez dédaignés de punir. Souvenez-vous que la conjuration de Cinna fut la dernière, et apprenez de l'histoire que les absolutions ne compromettent pas plus un gouvernement fort que les condamnations ne sauvent un gouvernement faible.

Que dis-je, Messieurs ! est-ce ma faible bouche qui fait entendre ces austères conseils ? mais écoutez la voix retentissante de tous les jurys nationaux !.. Ces bandes vendéennes, ne les a-t-on pas promenées par toute la France, pour tenter partout la sévérité du pays ? Dites-nous ce que vous en avez rapporté.... Des acquittemens que vous déplorez comme des défaites, et que vous devriez bénir comme des leçons. Vous jetez le cri d'alarme, et à la vue de cette *scandaleuse* impunité, vous proclamez que la société entre en péril. Dites plutôt qu'elle n'y était déjà plus ; et sachez comprendre les jurys qui le savaient et qui l'ont prouvé. Ils étaient, eux, près du théâtre de cette guerre ;

les excès, les bouleversemens avaient préoccupé leurs pensées, et ils n'apportaient que des voix amies de leur pays. J'en adjure les souvenirs de tous les hommes de bonne foi, j'en adjure cet orateur, dont vos imprudentes poursuites ont grandi la renommée et multiplié les triomphes; partout comme à Paris, ces jurys ont frappé le meurtre, l'assassinat et le pillage; mais, quand les faits politiques se sont montrés tout seuls, ils ont tenté d'en mesurer la portée. Ils croyaient avoir à juger cette grande et terrible Vendée qui balança six ans la fortune de la France et qui a conquis l'estime de ses vainqueurs et l'admiration de la postérité... Qu'ont-ils vu? Des cendres à peine remuées, des flammes qu'on n'a pu rallumer, quelques dévouemens isolés dans une population lasse, plus de sympathies que d'entreprises, plus de démonstration que de combats. Ils ont fait la part de vos frayeurs qui avaient donné à ces fragiles débris l'attitude d'un menaçant colosse; et ils ont tâché de la guérir par d'énergiques acquittemens.

Qu'elle ne soit point incurable enfin cette frayeur funeste... Sachez comprendre les vœux de cette France qu'on fatigue sans l'inquiéter.... Prenez donc une fois une attitude de calme et de force. Ouvrez les prisons, désarmez les parquets, fiez-vous au pays, et laissez au jurés le repos qu'ils vous auront rendus.

Quelle glorieuse mission la révolution de juillet aurait accompli, si elle pouvait dire après trois ans: Je n'avais au jour de ma naissance ni alliés ni armées, mon existence était un problême; espérances et regrets, tout était contre moi. La presse a déchaîné sa puissance. Le ridicule et l'odieux, le raisonnement et la menace, elle n'a rien épargné pour me détruire. L'Europe malveillante était là pour me demander compte de mon origine et frapper mon berceau de son glaive. J'ai tout vaincu sans combat; en dédaignant tout, j'ai tout brisé. J'existe et on croit à moi; l'Europe me craint et me mêle à ses gouvernemens; le pays me respecte et me confond avec ses intérêts; je suis pour tous la paix vivante, je la donne même à mes ennemis; et s'il n'ont pas cessé de me haïr, j'ai cessé de les craindre, et ils commencent à m'honorer.

Croyez-vous que ce langage n'eût pas sa grandeur et ne révélât pas bientôt sa puissance digne de vous et du pays?

Mais tout autour de vous semble en préparer les échos, et si l'opinion n'ose vous l'inspirer, elle l'attend de vous dans le silence du respect et dans le calme de la confiance.

Voyez cette immense sympathie qui de toutes parts environne ces victimes de nos discordes politiques ; n'essayez pas d'en rapetisser les élans au niveau passionné de l'esprit de parti, et de chercher dans les empressemens d'une prétendue complicité, de nouvelles preuves du crime.... Etrange emportement qui ravit au malheur ses consolations et empoisonne les douceurs de cette estime publique, si délicieuse aux jours d'adversité, parce qu'elle est la couronne de toute la vie ! Ah ! sachez mieux comprendre les générosités nationales. Apprenez que chaque opinion a fourni son tribut à ces nobles espérances, et que de tous les rangs sont venus jusqu'à nous des vœux dont la silencieuse modestie n'a pas été la moins chère aux cœurs des accusés. Et qu'est-il besoin de fraternité politique pour conspirer avec les angoisses de ces belles et touchantes familles qui furent leur parure dans les beaux jours, et deviennent leur consolation dans les mauvais ? Quel œil regarderait sans émotion ces bancs d'accusés; où sont venus s'asseoir tant d'illustrations variées, depuis la bouillante énergie de la jeunesse jusqu'aux neiges de l'âge où bientôt tout chancelle, excepté la fidélité ?

A côté de ces bancs, Messieurs, jetez les yeux sur ceux de la défense !... Compagnons éloquens de cette grande lutte, dites-nous si c'est l'esprit de parti qui vous arracha à tant de villes et vous élut entre tant d'opinions diverses pour venir représenter le barreau français dans ces solennelles comices !....

Ah! sans doute les cris de l'humanité vous ont suffi : *Secours au malheur*, c'est le ralliement glorieux de notre ordre, c'est le nœud de cette fraternité sublime qui semble refleurir plus brillante, alors que toutes les autres se fanent et s'éteignent.

Mais c'est une autre pensée qui a réuni vos efforts. Vous êtes venus protester par votre présence contre les funestes procès et entreprendre une sainte croisade pour la tolérance et la liberté politique. Voilà l'ame de vos efforts. Voilà la source de vos espérances.

Messieurs les jurés, ne nous ravissez la plus consolante

de toutes le prix fortuné de cette longue et pénible carrière; que cette heureuse conquête puisse enfin s'achever!.... Vous la partagerez avec nous. C'est pour vos fronts que se tressent les plus belles palmes de cette pacifique couronne.

Arrière les odieuses combinaisons de l'esprit de parti qui tenterait d'en flétrir l'éclat, en l'attachant à son char! Non... il n'y a rien de vous pour les partis dans cette éclatante absolution; elle sera joie pour tous, humiliation pour personne. Il n'y aura de défaites que pour nos discordes, de gloire que pour la justice, de triomphe que pour le pays... Oui, Messieurs, c'est la voix du pays qui se fait entendre par notre bouche, et dans ces momens suprêmes où vous prononcez ces mots solennels qui conservent des vies et rendent des libertés, voyez au-dessus des nuages d'une prévention passionnée planer cette grande et majestueuse image de la patrie jetant son glaive et ouvrant ses bras pour recevoir ses enfans, tous ses enfans, serrant sur son sein maternel ceux qui lui sont devenus plus chers parce qu'on les lui voulut ravir, les montrant tous avec orgueil à l'étranger, heureuse de pouvoir enfin se parer de toutes ses richesses et resplendir de toutes ses gloires.

Jurés du pays, rendez le pays à ses destinées.

Je demande l'acquittement de tous les accusés.

www.ingramcontent.com/pod-product-compliance
Ingram Content Group UK Ltd.
Pitfield, Milton Keynes, MK11 3LW, UK
UKHW032024260826
14628UKWH00006B/2702

9 782019 636838